AF357120

LETTRES

D'UN

CONSEILLER MUNICIPAL DE LYON

SUR LE

PROJET DE RÉUNION A CETTE VILLE

DES TROIS COMMUNES SUBURBAINES.

Septembre 1849.

LYON.

IMPRIMERIE DE DUMOULIN ET RONET,

Rue Saint-Côme, 6, au 1er étage.

1849.

Lyon. — Imp. Dumoulin et Ronet , Rue St-Côme, 6,

LETTRES

D'UN

CONSEILLER MUNICIPAL DE LYON (1)

SUR LE

PROJET DE RÉUNION A CETTE VILLE

DES TROIS COMMUNES SUBURBAINES.

Première Lettre.

15 septembre 1849.

Deux questions immenses pour l'avenir de la
ville de Lyon, viennent d'être inopinément, brus-
quement soulevées par le gouvernement , et il en
a saisi le conseil-général sans plus de formes ni
de préparations que s'il s'agissait de délibérer sur
le mobilier d'une justice-de-paix ou sur le classe-
ment d'un chemin vicinal.

(1) Ces lettres ont été adressées à M. le rédacteur du
Courrier de Lyon, et elles ont paru dans ce journal les 15
septembre et jours suivants.

Je veux parler du projet de réunion des tro's communes suburbaines de la ville de Lyon, et de l'absorption, au profit du préfet du Rhône, de la presque totalité des pouvoirs municipaux, c'est-à dire de la mise hors du droit commun, de notre cité et de tout ce qui l'entoure.

Votre journal, avec sa prudence habituelle, tout en paraissant favorable au projet, ne l'a accueilli qu'avec une extrème réserve, et qu'en lui opposant diverses objections. Evidemment, vous n'avez pas dit votre dernier mot sur ces questions, et vous avez eu raison, car elles méritent la plus sérieuse étude.

Cependant, le conseil-général, sous le fardeau d'une affaire aussi grave, pressé par l'expiration de sa session, a émis un avis favorable au principe de la réunion, mais en ajoutant, dit-on, qu'il n'était nullement éclairé sur les détails du projet de loi. Ceci veut dire clairement, ou je ne comprends pas la valeur des mots, qu'il n'a pas eu le temps de l'étudier.

Je sais, d'un autre côté, que le projet du gouvernement a des partisans, et je ne m'en étonne pas.

Car, beaucoup pensent qu'il faut l'armer, dans notre ville surtout, et encore plus là qu'ailleurs, de toute la force possible, contre tout ce qui *est*, *peut* ou *rêve* le désordre. Ils ont raison, et vous

n'aurez pas de peine à croire que je pense tout-à-
fait comme eux.

Mais faut il, pour arriver à ce résultat :

Détruire ou annihiler le pouvoir communal,
vieux de plusieurs siècles;

Réunir des populations opposées d'intérêts sur
tous les points, et dans toutes les questions possi-
bles d'administration;

Transporter les principales attributions municipales, et la présidence même du conseil de la cité,
à un fonctionnaire du gouvernement, éminent sans
doute, mais étranger à nos localités, mais n'ayant
pas les sentiments affectueux et paternels du con-
citoyen, mais amovible et trop fréquemment rem-
placé suivant les besoins et les variations de la
politique;

Et faire enfin qu'à l'avenir le maire de Lyon ne
soit qu'un employé subalterne, et que nos prévôts
des marchands, nos maires, les Tolozan, les Ram-
baud, les Prunelle, Martin, Terme, etc, n'aient plus
de successeurs !!!

Non ! évidemment non ! et il me sera, je crois,
facile de le démontrer dans une très-prochaine
lettre ! Mais, dès à présent, tout en reconnaissant
qu'il y a, sous le rapport de la *police générale*,
d'importantes modifications, non-seulement à subir,
mais à solliciter, je crois : 1° que le principe de
réunion posé par le gouvernement, n'est nulle-

ment nécessaire pour le but qu'il veut atteindre , et 2° que sous le rapport de l'intérêt des localités , il est inadmissible. Je me réserve d'établir ces deux propositions.

Je termine cette lettre, qui n'est qu'un cri d'alerte, par de dernières réflexions qui seront appréciées par chacun de vos lecteurs.

C'est que , d'une part , il y a lieu de s'étonner que le gouvernement ait songé à renverser toutes les institutions municipales à Lyon , un mois, deux mois, seulement peut-être avant la discussion de la loi *communale* qui va être élaborée par l'Assemblée législative , et dans laquelle la question relative à Lyon, doit naturellement prendre sa place ! Où trouver le motif d'une telle précipitation , si ce n'est dans les exemples du passé, qui nous apprennent que, dans toutes les circonstances politiques extraordinaires, le gouvernement a cherché à amoindrir , au profit de son délégué , l'autorité du premier magistrat de Lyon!

C'est que, d'autre part, le gouvernement aurait dû, avant tout, ouvrir l'enquête , et consulter les conseils municipaux des quatre communes, ainsi que les articles 2 et 4 de la loi des 18 et 22 juillet 1857 lui en faisaient le devoir.

« Art. 2. Toutes les fois qu'il s'agira de réunir « plusieurs communes en une seule, etc. , le préfet « prescrira *préalablement* dans les communes inté-

« ressées, une enquête, *tant sur le projet en lui-*
« *même que sur ses conditions.*

« Art. 4. Les réunions et distractions de com-
« munes qui modifieront la composition d'un dé-
« partement, d'un arrondissement ou d'un canton,
« ne pourront être prononcées que par une *loi.*

« Toutes autres réunions et distractions pourront
« être prononcées par *ordonnance, en cas de con-*
« *sentement des conseils municipaux,* délibérant
« avec les plus imposés, conformément à l'art. **2**,
« et à défaut de ce consentement, pour les com-
« munes qui n'ont pas 500 habitants, sur l'avis
« affirmatif du conseil général.

« Dans tous les autres cas il ne pourra être statué
« que par une loi. »

Prendre *ex abrupto* l'avis du conseil général,
avant d'avoir ouvert l'enquête et consulté les conseils municipaux, c'est évidemment manquer à l'esprit comme à la lettre d'une loi que je ne sais pas
être abrogée.

J'apprends à l'instant que M. le maire de Lyon
vient de demander l'autorisation de réunir extraor-
dinairement son conseil. Grâces lui en soient ren-
dues ! La question sera solennellement débattue
dans nos intérêts et résolue à notre honneur.

Deuxième Lettre.

16 septembre 1849,

Il faut armer le gouvernement à Lyon de la plus grande force possible contre les mauvaises passions et contre les mauvaises doctrines, vous disais-je dans ma lettre d'hier ; c'est là le but qu'il veut, que nous voulons atteindre. Vous voyez, dès lors, qu'il s'agit d'une question de sûreté publique.

Le problème sera-t-il résolu par ce seul fait qu'on aura décrété : « Lyon et ses trois villes suburbaines « ne feront plus, à l'avenir et à perpétuité, qu'une « seule individualité, qu'une seule commune !! » Assurément non. Au siècle où nous vivons, on ne se paie pas de mots ; et ce n'est pas parce qu'on aura placé des écriteaux à la Croix-Rousse, à la Guillotière et à Vaise où on lira, en gros caractères : *Ville de Lyon*, que la question aura fait un pas.

Allons donc au fond des choses, et recherchons en quoi, sous le rapport de la *sûreté de l'Etat*, l'organisation est défectueuse à Lyon.

Importe-t-il à la sûreté de l'Etat, qu'il n'y ait pas, dans notre ville, à ses portes, cinq ou six polices différentes, police du préfet, police du maire de Lyon, police du maire de la Croix-Rousse, police du maire de Caluire , de la Guillotière , etc. ; sans compter la police de M. le procureur-général, celle de M. le procureur de la république, celle du sous-préfet de Vienne qui est compétent à Villeur-banne, celle du sous-préfet de Trévoux, dont la ju-ridiction s'étend jusqu'à Miribel et Rillieux, c'est-à-dire presque à une simple portée de canon , etc., etc. ?

Tout le monde répondra *Oui* ; tout le monde a compris que toutes ces polices se heurtent, se con-trarient, se nuisent les unes aux autres; et que cet outillage politique est essentiellement soumis à cette loi qui affecte les corps physiques , que leur force de mouvement s'amoindrit par le frottement.

Ou bien, au contraire, importe-t-il à la *sûreté de l'Etat* (car c'est toujours le point, le phare lumineux de la question) qu'il y ait quatre comptabilités communales au lieu d'une, qu'il y ait quatre octrois au lieu d'un, quatre divisions pour l'alignement des maisons, pour le nettoiement des rues, pour leur éclairage, pour les travaux publics, pour les pro-priétés de chacune des communes, pour leurs bu-reaux de bienfaisance, pour leurs dettes, pour leur budget ?

Quiconque sera de bonne foi répondra *Non*, parce qu'il n'y a là rien qui touche à la sûreté publique, à la question de la défense de l'ordre et de la société ; non, rien ! pas plus que la sûreté publique n'est

intéressée à ce que la chapelle St-Denis, les Bati-
gnolles, Montmartre, la Villette ou Bercy, soient
annexés à Paris sous le rapport *purement adminis-
tratif et communal.*

Parce qu'en un mot, ce n'est plus là qu'une question d'administration intérieure, n'intéressant que
les communes elles-mêmes (ce que j'examinerai dans
une troisième lettre), mais à laquelle l'Etat est
étranger, ou du moins très-indirectement intéressé.

C'en est assez, et cette distinction doit briller
d'évidence pour quiconque n'est pas monomane de
centralisation, à un moment où un grand nombre de
conseils généraux viennent d'émettre des vœux
contre cette plaie de notre époque.

C'est donc la question de police, de centralisation
de la force publique à Lyon, qui est seule à vider,
et cette question ne date pas d'hier.

On ne peut se faire une idée exacte des difficultés sans cesse renaissantes, des conflits quasi-per-
manents qui ont existé depuis 50 ans entre la préfecture et la mairie de Lyon, seulement pour tout ce
qui se rattache, soit aux attributions de la police,
soit surtout au partage d'autorité à l'égard des commissaires et des agents qui sont à la disposition du
préfet et des maires.

Ma main trouverait aisément, monsieur le rédacteur, dans les cartons de la mairie, de quoi com-
poser un gros volume avec la seule correspon-

dance d'une écriture qui m'est bien connue, sur cette perpétuelle et jusqu'à présent insoluble question.

Il ne pouvait en être autrement ! on ne peut obéir à deux maîtres. Et quand M. le préfet et M. le maire commandent à la fois au même commissaire, au même agent, il est certain que tous deux ne peuvent être obéis à la fois, s'il n'arrive même assez souvent qu'ils ne le sont ni l'un ni l'autre. L'expérience nous apprend que le prétexte d'un double service peut amener à la conséquence de deux services mal faits.

Ce qui est défectueux à Lyon, dans le rapport du préfet et du maire, vivant à côté l'un de l'autre, l'est bien à un degré plus grand encore, dans le rapport du préfet vis-à-vis des mairies de la banlieue, et encore vis-à-vis des communes de l'Ain et de l'Isère qui avoisinent Lyon. Ajoutons enfin qu'en dehors de la ville, la police n'a jamais été ni fortement ni suffisamment organisée.

Voilà le mal ! où est le remède ? le voici :

1° Conférer au préfet du Rhône toutes les attributions de la *police* dite *générale*, tous les pouvoirs qui sont donnés au *préfet de police* de Paris, par la section 2 de l'arrêté des consuls du 12 messidor an VIII ; en faire, en un mot, un *préfet de police*, mais, sous la réserve en faveur des maires, des attributions de la section 5 du même décret, intitulée *police municipale*. J'éclaircirai ce point aux articles 3° et 4°

2° Etendre la juridiction du préfet de police, en cette qualité, sur tout le département du Rhône, et encore sur un certain nombre de communes du département de l'Ain et de l'Isère ; mesure essentielle, sans laquelle l'autorité du préfet serait, en beaucoup de cas, paralysée.

3° Mettre à la disposition exclusive et absolue du préfet (et du ministère public) les commissaires et agents de police, qui n'auront plus dès-lors aucun rapport de subordination quelconque vis-à-vis des maires, et qui s'occuperont ainsi, sous la surveillance du préfet seul, de tout ce qui concerne la sûreté *générale*, qui comprend la sûreté *politique*, c'est-à-dire, les conspirateurs, les clubistes, les sociétés secrètes ; et la *sûreté publique*, c'est-à-dire, les passeports, les cartes de séjour, le petit et le grand criminel, les voleurs, les repris de justice, les vagabonds, les mendiants, les filles publiques, et *tutti quanti*.

4° Réserver au maire les pouvoirs dits de *police municipale* contenus dans la section 3 de l'arrêté des consuls, c'est-à-dire, et je n'ai d'autre mérite que de copier, la petite voirie, la liberté et la sûreté de la voie publique, la salubrité, les mercuriales des grains, les incendies, les inondations, la surveillance de la bourse, la sûreté du commerce,

les poids et mesures, la surveillance des marchés
et des rivières, les approvisionnements, la protec-
tion et la préservation des monuments publics,
les établissements de bienfaisance, etc., etc.

5° Laisser à la disposition exclusive des maires
un nombre suffisant d'employés spéciaux dont ils
auront la nomination, et qui auront dans leurs attributions la surveillance de ce qui est indiqué au
4° ci-dessus.

Pour ne pas les confondre avec les commissaires
ou agents, on aura le soin de leur donner un nom
tout différent ; on pourra les appeler *municipaux*,
inspecteurs, *sergents de ville*, *gardiens* ou tout
ce qu'on voudra.

Les commissaires, les agents, et tout ce qui sera
employé à la police générale, sortira de l'Hôtel-de-
Ville avec tout son bagage et tous ses accessoires,
et viendra s'établir à la Préfecture, sous les yeux
mêmes du préfet de police. Ce sera la petite rue de
Jérusalem.

Tout ce qui sera *municipal* ou *sergent de ville*
demeurera à l'Hôtel-de-Ville, et obéira hiérarchiquement au maire seul, sans préjudice des rapports
du préfet et du maire, hiérarchiquement entre eux.

6° Faire fixer par la loi (et ceci n'est pas la partie
la moins délicate et la moins intéressante du problème) le contingent annuel que chacune des communes soumises à M. le préfet de police aura à porter

obligatoirement à son budget, pour la part à sa charge dans les dépenses de la police générale du préfet, commissaires, agents, fonds secrets, etc., etc.

Je ne veux pas ici entrer dans des détails de chiffres ; je désire seulement faire comprendre ma pensée.

Je prends Lyon pour exemple. La ville paie les commissaires, les agents et d'autres dépenses accessoires à la police. La somme est à son budget. Le préfet, dans le projet que je propose, va faire exécuter seul à l'avenir sous sa surveillance exclusive, les deux tiers, je le suppose, du travail de la police actuelle ; il est juste que Lyon paie au préfet, tous les ans, les deux tiers du chiffre porté ordinairement à son budget pour toutes les dépenses de police.

Le maire aura de son côté sous sa direction, le tiers de l'ancien travail ; il devra retenir et dépenser lui-même, pour sa police municipale, le tiers de ce que la ville paie aujourd'hui pour le travail entier.

On m'a dit, je n'ai pas vérifié le chiffre, que la ville dépensait un trentième de ses revenus ordinaires en frais de police. Ce *trentième* se diviserait, dans la proportion qui serait reconnue équitable, entre la dépense du préfet et celle du maire. Et pour arriver à une base invariable, à un type de matrice, la loi fixerait un contingent annuel à

payer au préfet en raison de la population de chaque commune placée sous sa juridiction, comme
préfet de police.

Tout est, je crois pouvoir le dire, résolu par les
six propositions ci-dessus, auxquelles il serait très-
facile de donner, dans une rédaction que je n'es-
saierai pas, la forme d'un projet de loi.

Et il ne sera pas nécessaire du tout, monsieur le
rédacteur, que M. le préfet ait le droit de faire ouvrir les portes battantes du conseil municipal quand
bon lui semblera, comme un petit Louis XIV à son
conseil d'état. On paiera à M. le préfet ce qui lui
sera dû; mais ce n'est pas lui qui fera le budget
municipal (1).

Et il ne sera pas nécessaire non plus, que le conseil municipal de Lyon ni ceux des communes suburbaines soient obligés de se soustraire par un
refus à l'ignominie que leur impose le projet de
loi, de voter par élimination l'exclusion de quelques-uns de leurs membres.

(1) On ne peut comparer Paris, qui est sous un régime
municipal exceptionnel, ni à Lyon ni à aucune autre ville
de département. Paris est la capitale, la bien aimée, l'en-
fant prodigue du gouvernement; il profite de ses faveurs
et par millions. La chaîne est trop dorée et trop veloutée
pour qu'il la sente. D'ailleurs le siége de l'Etat ferait
toujours pâlir l'autorité municipale. Ce ne serait qu'une
étoile près du soleil.

Il me reste à établir que dans le rapport des villes entre elles la proposition est inadmissible, créerait d'énormes difficultés, sacrifierait des intérêts incalculables. Ce sera, si vous le permettez, l'objet d'une troisième et dernière lettre.

Agréez, etc.

Troisième Lettre.

17 septembre 1849.

La loi de 1837, dont je vous ai rapporté le texte, exige l'intervention du pouvoir législatif, toutes les fois que la commune, qu'il s'agit de réunir, a 300 âmes de population, et qu'elle a refusé son consentement.

Une telle précaution, prise même pour un chétif village de quelques feux, indique tout ce qu'a de grave une telle mesure, qui brise l'individualité passée, pour y substituer des liens, des intérêts nouveaux, une solidarité qui ne préexistait pas.

Il faut donc qu'il y ait :

Ou une nécessité absolue de réunir ce qui était séparé ; et hier, j'ai démontré que cette nécessité ne se révélait en aucune manière.

Ou bien, qu'il y ait un intérêt évident, manifeste pour les communes à l'accomplissement de la réunion demandée ; il est alors présumable qu'elles en auront fait la demande, ou tout au moins qu'elles y auront consenti, puisque c'est leur avantage qui est le mobile, ou le prétexte de la fusion à opérer.

Rien de semblable ne se remarque ici ; les villes n'ont pas demandé, elles n'ont pas même été consultées par la voie d'une enquête. Le projet de loi sort tout armé de la pensée ministérielle, comme une nouvelle Pallas, sans que qui que ce soit ait été averti de sa conception ; et cependant il s'agit du sort d'une population, non de 300, mais de près de 500,000 habitants !

La manière dont le gouvernement procède, est donc à elle seule une présomption, presque une preuve, que l'intérêt des quatre villes est opposé au projet de réunion et qu'elles y résisteront.

Il reste à le démontrer.

Je suppose d'abord que la réunion doit être réelle, c'est-à-dire qu'il y aura un octroi unique, un budget unique des quatre villes confondues ensemble, des recettes communes, des dépenses communes ; qu'en un mot tout sera commun, dans l'agglomération lyonnaise.

Il faut bien s'entendre sur ce point de départ qui est capital dans la discussion. Y aura-t-il à l'avenir plusieurs lignes d'octroi ? n'y en aura-t-il qu'une seule ?

Au premier cas, la réunion n'est qu'une fiction, qu'un mot sans la chose. En effet, si les habitants de la communauté ne contribuent pas de la même manière aux charges dont elle est grevée, ils ne peuvent pas profiter également et indistinctement de l'emploi des deniers. Ainsi, par exemple, l'octroi de la Guillotière, continuant à être de 5, tandis que celui de la ville de Lyon sera de 12, il serait de la plus souveraine injustice que la Guillotière participât à l'emploi d'un budget commun, autrement que dans la proportion de son apport annuel, comparé à celui de la ville. Ce qui se dit pour l'octroi, s'applique à une multitude d'autres recettes, aux permissions de voirie, aux locations des marchés et généralement à tous les revenus, dont la base est une taxe qui varie actuellement dans chaque commune.

Conséquence ! Même après la réunion, si les barrières qui séparent les octrois actuels ne sont pas levées, si toutes les taxes, si tous les revenus ne deviennent pas uniformes, on devra maintenir 4 budgets, 4 comptabilités, 4 administrations ; mais avec cette circonstance, sans exemple, qu'un seul maire, administrateur unique, dirigera ce quadruple dédale.

Mais alors, à quoi bon la réunion, si ce qu'on veut réunir de *nom* reste séparé de *fait !* Et serait-il donc possible que cette *réunion* ne fût pas accomplie pour *rien réunir*, et que ce fût dans un tout autre but qu'elle eût été imaginée ?

Ainsi, l'hypothèse de la conservation des lignes d'octrois actuels est exclusive de la *réunion*, et comme je dois admettre que le projet veut une *réunion sérieuse*, quoiqu'il n'ait pas dit un mot des octrois, je vais raisonner dans la supposition d'un octroi unique, de taxes uniformes de voirie, etc.

Voici quelques-uns des articles actuels de trois octrois comparés ; je n'ai pas sous les yeux celui de Vaise :

NATURE DU DROIT.	LYON.		LA GUILL.		LA CROIX-R.	
Vins, l'hectolitre. . .	5 f. 50		2 f. 45		2 f. 00	
Alcool, id. . . .	12	»	5	»	5	»
Bièra en cercles, l'hec.	10	»	5	»	5	»
Bœufs, moutons, etc.	au poids,		par tête,		par tête.	
Porcs, par tête. . . .	9	»	5	»	5	»
Viande dépecée, le k.	»	12	»	5	»	6
Bois à brûler, le stère.	3	»	1	50	1	25
Bois de const. le m. c.	1	50	»	»	1	50
Pierres de taille, id.	2	»	»	»	1	50
Chaux vive, le m. c.	5	»	»	»	»	25
Foin, les 100 kil. . .	1	»	»	»	»	»

Presque partout, la différence des droits acquittés entre la ville principale et les deux suburbaines est à peu près du simple au double ; la Guillotière n'a pas tarifé les matériaux de construction ; les fourrages ne sont imposés qu'à Lyon.

Qui ne voit de suite qu'une multitude d'industries ne se sont créées dans les faubourgs qu'à cause de cette inégalité de droits : les liquoristes, les brasseurs, les bouchers s'occupant de la consommation de la classe ouvrière, les marchands de bois, les marchands de pierres, les ouvriers façonnant sous mille formes ces deux genres de matériaux, et enfin les voituriers, les charretiers, et toutes les professions exploitées à l'aide des bêtes de somme ?

Qui ne voit que du jour de la mise en vigueur d'un seul tarif, toutes ces industries et bien d'autres que je ne nomme pas, se rapprocheront du centre et rentreront dans la ville-mère, parce qu'elles n'auront plus d'intérêt à se tenir à côté d'elle, ou bien seront entraînées par suite de ces calculs d'économie qui sont le premier et le plus sûr bénéfice de beaucoup de commerces, à aller porter leurs ateliers, leur chantiers, leurs brasseries, leurs étaux, leurs remises, dans la nouvelle banlieue, dans les ultrà-faubourgs ?

Ainsi les villes suburbaines, sont si non ruinées, au moins menacées très-gravement dans leur prospérité actuelle, dans leur progrès futur ; il est donc à croire qu'elles résisteront vivement au projet, moins peut-être la partie occupée bourgeoisement de la section des Brotteaux, qui peut se trouver dans une position spéciale, que je n'examine pas ici. Mais que dire, en passant, de celle reservée à la section de Serin, par suite de la perte de son entrepôt à domicile et de son commerce des vins, qui se transporteraient immédiatement à la plaine de la Caille et au port de Cuire ?

Il faut examiner, en passant, la valeur d'une ob
jection, qui se présente à beaucoup de bons esprits,
dans l'intérêt de la ville de Lyon elle même. Pour-
quoi, dit-on, plusieurs octrois dans une même population ? Ce n'est pas là de l'égalité. Tous doivent
payer de même, puisqu'ils profitent des mêmes avan-
tages. Nos théâtres, nos écoles, nos musées, nos
hosp'ces, etc. profitent aux villes suburbaines,
et elles ne contribuent que nullement à quelques-
unes de ces lourdes dépenses qui grèvent la ville
de Lyon, ou qu'imperceptiblement à d'autres. Les
faubourgs ont de véritables priviléges, qui doivent
cesser, surtout sous l'ère républicaine; leur conservation est une anomalie, un abus.

Voici la double réponse qu'amène la réflexion.

Si en reculant des barrières, on pouvait par la position topographique ou par une prohibition légale,
ou par un cercle tracé par un magicien, empêcher
de nouveaux faubourgs de se former, on résoudrait
peut-être ce problème d'équité ; mais l'expérience
apprend que l'extension d'une ligne d'octroi n'a d'autre résultat que la dépréciation des immeubles en-
vahis par la ligne nouvelle, et la mise en valeur des
propriétés extérieures limitrophes. Un faubourg
n'estplus, un autre surgit plus loin. Paris s'est assimilé
successivement plusieurs faubourgs, qui en ont his-
toriquement conservé le nom ; des villes de 15, de
20,000 âmes et plus se sont formées au nord du nou-

veau mur d'enceinte. De même à Lyon, avec une nouvelle ligne d'octroi, vous verriez la population faubourienne se transporter à la Boucle, aux Charpennes, aux Etroits (partie de Ste-Foy), aux Tuileries de Vaise, à la Caille, à la Vitriolerie, etc.

Mais il est une raison bien plus puissante, c'est celle des droits acquis, de la possession, des contrats de tout genre qui se sont formés sous la foi de l'état actuel, et depuis plusieurs générations. Des pertes, dont on ne peut mesurer le gouffre, viendraient frapper, dans les faubourgs, les industries principales, les propriétés immobilières, et jusqu'aux moindres boutiques.

La *réunion* serait une révolution pour les faubourgs, et l'on sait qu'elles sont toutes funestes, celles financières comme celles politiques. Et toutes ces calamités, au profit de qui, je le demande? Au profit d'un prétendu accroissement d'autorité préfectorale? Non, parce que je ne crois pas que le préfet, mieux éclairé, conseille au gouvernement de persister dans son projet! mais au profit seulement de quelques spéculateurs qui sont peut-être déjà en course, pour accaparer les immeubles les mieux placés de la seconde zône de la banlieue !

Bien que j'aie l'honneur de siéger au Conseil municipal de Lyon, et lors même qu'il m'est démontré que Lyon, au point de vue des *intérêts privés*, c'est-à-dire des *particuliers*, aurait plus à gagner qu'à perdre à la réunion, puisque la concurrence redoutable, que lui font les faubourgs, disparaîtrait dans le creuset général, je ne pourrais me résigner, même sous ce point de vue, à émettre, au moins quant à présent, un avis défavorable aux communes environnantes (1).

Toutefois, tout en étant généreux, je ne voudrais pas continuer à être dupe, si cela dépendait de moi; et je crois qu'il serait convenable que la ville de Lyon saisît l'occasion qui se présente, pour obtenir du gouvernement l'insertion dans le projet de loi d'un chapitre spécial, qui obligerait les villes suburbaines à contribuer annuellement, suivant des bases proportionnelles aux populations respectives, dans les dépenses qu'on peut considérer comme profitant d'une manière générale à l'ag-

(1) En disant que les intérêts privés de Lyon *intra muros* ne seraient pas compromis par la réunion, Je parle dans la supposition que le péage continuât sur les ponts du Rhône pendant toute la durée de la concession. Car, si la réunion devait avoir pour conséquence l'expropriation de ces ponts et la gratuité de leur parcours, la fortune immobilière et tout le commerce de détail de Lyon seraient attaqués au vif, surtout tout ce qui est situé sur la rive droite de la Saône.

Cette question est la plus grave peut-être de celles que soulève la réunion.

glomération lyonnaise, les théâtres, les musées,
les écoles, etc., etc. Ce chapitre serait à la fois un
acte de réparation pour le passé, et pour l'avenir
le symbole de la véritable union qui doit joindre
entr'elles les quatre sœurs, sans qu'il soit nécessaire de commettre la monstruosité de les confondre.

Il me reste à établir, que par des raisons différentes de celles de ses voisines, et au point de vue
de son intérêt comme ville, et de l'intérêt général,
Lyon doit être opposé à la question soulevée.

Mais je m'aperçois que les bornes de ma lettre
sont dépassées ; je serai obligé, à mon regret, d'en
écrire une quatrième, et j'espère que son peu d'é-
tendue fera pardonner la longueur des autres.

Agréez, etc.

Quatrième Lettre.

20 septembre 1899.

Un père de famille déjà chargé d'une tutelle peut en refuser une seconde. Un homme sans enfants, qui a deux tutelles, peut s'exonérer de la troisième. En effet, il est des bornes aux forces humaines ; et la loi, qui est la sagesse écrite, proclame ce principe que le bon sens populaire a traduit proverbialement : *Qui trop embrasse mal étreint.*

Comment donc, lorsque l'écrasante tutelle de la ville de Lyon, qui peut assurément compter pour deux tutelles de famille ordinaire, pèse sur le dévouement d'un seul homme ; comment comprendre qu'on vînt superposer à ce fardeau déjà excessif, la charge de *trois* tutelles nouvelles ? Comment comprendre que la ville de Lyon ne dût pas s'opposer de toute son énergie à cette agrégation ? Sans doute elle sait que son premier magistrat, que ceux qui l'ont précédé, est ou étaient capables de tous les sacrifices, de toutes les abnégations ; mais elle sait aussi que l'homme le plus robuste plie sous un faix disproportionné, et qu'il est bientôt obligé de ralentir sa marche, et même de s'arrêter tout-à-fait.

D'un autre côté, la réunion des communes suburbaines à Lyon l'entraînerait immédiatement ou prochainement à des dépenses qui ne seraient nullement en rapport avec l'apport de leurs recettes, même dans l'hypothèse d'une seule ligne d'octroi; car il est notoire que ces trois communes ne sont pas, sous le rapport de la viabilité, de l'état de leurs édifices publics, et de toutes les autres parties de l'administration intérieure, dans une position semblable à celle de Lyon même. Il y aurait donc, pour les assimiler à Lyon, beaucoup à faire, beaucoup à dépenser, et pendant une longue période d'années.

Cette supposition, que je ne hasarde pas, a déjà pour elle l'autorité d'un fait. La Guillotière fut annexée à la ville de Lyon par un décret du 18 février 1791. Cette vie commune ne dura que très-peu. La Guillotière profita de la tourmente révolutionnaire, pour se séparer de nouveau de la ville mère. Cependant, pendant le court intervalle de la réunion, la ville fit des dépenses considérables de quai et d'endiguement sur la rive gauche du Rhône. Ces dépenses n'étaient nullement en rapport avec le faible revenu de l'ancien faubourg. Toutes ces dépenses furent perdues pour Lyon par la séparation.

Mais il faut aller plus loin encore. Qui garantit à la ville de Lyon que son conseil municipal ne soit pas, dans l'organisation nouvelle, composé de telle manière, que les conseillers d'origine suburbaine joints à quelques hommes à esprit tracassier, à jugement défectueux, comme il peut s'en trouver dans toute assemblée délibérante, ne parviennent à créer une majorité hostile à l'ancien Lyon et à dériver de leur côté, beaucoup plus qu'il ne le faudrait, les eaux fertilisantes de la communauté? Et la chose serait très-facile, car si on ne change la loi électorale, si l'on vote d'après la population, les trois villes représentent à peu près le tiers de l'aglomération totale, et devraient dès-lors nommer le tiers des conseillers municipaux.

Les craintes que j'exprime ici n'ont rien d'exagéré ni d'injurieux pour personne. Tout le monde connaît à Lyon l'antagonisme qui existait, avant février 1848, dans le Conseil municipal de la Guillotière, entre les sections des Brotteaux et celles du faubourg proprement dit. Les choses étaient arrivées à ce point, que j'ai entendu dire cent fois, qu'un Conseil à la Guillotière était impossible. Ce résultat, produit par le sectionnement créé par la loi de 1831, est le même dans presque toutes les communes où existent des origines diverses, des populations distinctes.

Je terminerai par un mot sur les considérations

politiques, qu'on ne peut pas oublier tout-à-fait dans un pareil sujet.

L'élément de toutes les nuances de l'opinion modérée domine au Conseil municipal actuel, et j'ai l'espoir qu'il y dominera, tant que durera la séparation actuelle des 4 communes. N'a-t-on pas à craindre une combinaison toute contraire, dans le système de la réunion? Je ne veux rien dire de plus, je livre mes réflexions aux hommes prudents et qui ne veulent pas risquer un coup de dés.

On me répondra peut-être, que la loi communale refaite, l'élément électoral ne sera plus le même. Mais qui sait ce qui adviendra? Attendons; jusque-là tout est incertitude, le passé ne nous donne pas des gages rassurants.

Mais c'est surtout de l'influence politique du maire de Lyon, que nous devons nous préoccuper. Elle a subsisté jusqu'à aujourd'hui sous toutes les formes de gouvernement; le projet l'amoindrirait, la dénaturerait.

Cette influence est telle, qu'elle peut paralyser, neutraliser les tendances fâcheuses d'un préfet, et les inspirations nuisibles qu'il recevrait du pouvoir, s'il tombait en des mains suspectes. Le Rhône n'aura peut-être pas toujours pour l'administrer des préfets comme celui actuel, comme son prédécesseur. Citons un passé qui n'est encore que d'hier : Pouvons-nous dire ce qui aurait pu arriver à Lyon sous les citoyens Arago et Martin Bernard, ou avant eux, sans M. Laforest ? Bien qu'on eût pu désirer de ce dernier, pour nous, pour lui-même, les premiers moments de danger passés, plus d'action, plus d'énergie réorganisatrice, un mal immense a été empêché par lui dès le principe ; et Lyon conservera l'éternelle mémoire, qu'il l'a sauvée dans les plus mauvais jours. Ajoutons que ce résultat est aussi bien dû aux fonctions municipales que l'acclamation publique lui avait décernées ou conservées, qu'à la popularité dont il était ALORS entouré.

L'amoindrissement, l'altération du pouvoir municipal, serait donc un danger pour Lyon, dans les moments de crise politique.

J'ai achevé, M. le rédacteur, une discussion que je me suis efforcé de rendre sérieuse et complète.

Absent de Lyon, au moment où je vous écris ces dernières considérations, je ne dois y rentrer que le 21, jour de la réunion du conseil. Il me serait dès lors impossible de répondre à la critique que mes lettres ont pu soulever. Mon intention, bien arrêtée, est d'ailleurs de garder maintenant le silence, et de ne point entretenir de polémique.

Agréez, etc.

Voici la délibération que le conseil municipal a prise le **21** septembre courant.

DELIBÉRATION.

Considérant que le projet de loi soumis par M. le préfet à l'avis du conseil général du département attente aux franchises et atributions municipales confiées à la garde du conseil municipal ;

Considérant qu'aucune raison d'intérêt général ne peut être invoquée pour placer la ville de Lyon hors du droit commun ;

Considérant que si la réunion des communes suburbaines à la ville de Lyon peut avoir d'heureux résultats administratifs et politiques, ce ne peut être qu'à la condition de conserver dans sa plénitude la force de l'autorité municipale ;

Considérant que pour opérer cette réunion, il ne serait pas nécessaire de recourir à une loi d'exception, injuste vis-à-vis de la population qu'elle établirait en état permanent de suspicion, et fâcheuse pour les intérêts de l'agglomération qu'elle priverait de l'exercice des droits conférés par la loi à toutes les communes de France ;

Considérant qu'un projet de loi snr les communes va être prochainement soumis à l'Assemblée nationale ;

Considérant que le gouvernement, pour toutes les mesures d'ordre ou de sûreté générale qu'il croirait devoir prendre, telle que l'organisation d'une police générale politique, sous la direction du préfet du département, ne peut trouver dans la municipalité qu'une utile et puissante assistance;

Le Conseil municipal, plein de confiance dans la justice du gouvernement, émet, à l'unanimité, le vœu qu'il ne soit donné aucune suite au projet de loi soumis à l'avis du Conseil général du Rhône ; protestant comme l'a fait, en 1833, le Conseil municipal d'alors, contre tout projet qui tendrait à détruire les libertés et franchises de la commune qu'il représente.

La présente délibération sera adressée à M. le préfet du Rhône, avec prière de la transmettre à M. le ministre de l'intérieur, et de l'appuyer d'un avis favorable.